Von den Tieren des Waldes, die wissen wollten, wer der Glücklichste ist

Hans Kruppa & Catherine Ducloux

Von den Tieren des Waldes, die wissen wollten, wer der Glücklichste ist

HERDER

FREIBURG · BASEL · WIEN

An einem schönen Sommertag
hatte die Eule einen Einfall,
der ihr so gut gefiel,
daß sie ihn schon bald
in die Tat umsetzte.

Die Eule veranstaltete einen Wettbewerb, an dem viele Tiere des Waldes teilnahmen.

WETTBEWERB

Zehn konnten sich für das Finale qualifizieren:
Fuchs, Eichhörnchen, Maulwurf, Wolf,
Wildschwein, Igel, Marder,
Adler, Schildkröte und Nachtigall.

„Willkommen zum Finale! Wie ihr wißt:
Es geht darum, den Glücklichsten zu ermitteln.“

JURY

„Die einzige Regel lautet:
Jeder hat zehn Sekunden Zeit,
sein Glück zu präsentieren."

„Ich bin glücklich,
weil meine Schlauheit
mich vor Unglück schützt."

„Ich bin glücklich,
weil ich genug Vorräte habe,
um über den Winter zu kommen.“

„Ich bin glücklich,
weil ich den Kopf hoch halte,
damit ich das Licht
am Ende des Tunnels sehe."

„Kann ein Maulwurf überhaupt sehen?“

„Das war symbolisch gemeint!
Also wirklich! Ruhe bitte!“

JURY

„Ich bin glücklich,
weil ich als Leitwolf
den Zusammenhalt
im Rudel aufrechterhalte."

„Ich bin glücklich,
wenn ich am Himmel segele,
weil ich mich dann grenzenlos frei fühle."

Das Wildschwein demonstriert
sein Glück ohne Worte und wälzt sich
genüßlich grunzend im Schlamm.

„Ich bin glücklich,
wenn ich mich einrolle,
weil mir dann niemand
etwas anhaben kann.“

„Bis auf die Autos! He he he!"

„Also wirklich! Ruhe jetzt!"

JURY

„Ich bin glücklich,
wenn ich Zündkabel zerbeiße,
weil Autos dann nicht starten
und uns Tiere überfahren können.“

„Ich bin glücklich,
weil ich immer Zeit habe."

Die Nachtigall singt
ein kurzes Lied von ihrem Glück.
Ein sehr kurzes.

„Vielen Dank für eure Darbietungen!
Ich verkünde nun meine Entscheidung:
Der Glücklichste …

JURY

... ist ...

… der Schmetterling!“

„Aber der hat doch gar nicht am Wettbewerb teilgenommen!“

JURY

„Gerade deshalb hat er ihn gewonnen!
Wer wirklich glücklich ist,
vergleicht sein Glück
mit dem der anderen nicht.
Glück ist unvergleichlich."

JURY

Hans Kruppa ist einer der meistgelesenen deutschen Dichter. Er gilt als vielseitiger und produktiver Autor. Seine Gedichte und Märchen, Erzählungen und Romane, Aphorismen und Kurzgeschichten hat er in mehr als hundert Büchern veröffentlicht, von denen einige in andere Sprachen übersetzt wurden. Für sein schriftstellerisches Schaffen wurde Hans Kruppa mit dem New Yorker Otto-Mainzer-Preis ausgezeichnet. Er lebt als freier Schriftsteller in Bremen.

Catherine Ducloux kam in Frankreich in einem malerischen Dorf zur Welt und absolvierte ein Studium der Germanistik an der Universität von Lyon. Sie lebt schon seit langem in Bremen und hat bereits zahlreiche Bücher von Hans Kruppa illustriert.

www.herder.de

Umschlagmotive und Illustrationen Innenteil:
Catherine Ducloux; mtmmarek/Shutterstock.com (Goldrahmen);
Kozyrina Olga/Shutterstock.com (Muster); Incarnatus/Shutterstock.com (Zweige)
Gesamtgestaltung und Satz: Christina Krutz, Biebesheim am Rhein
Druck: Graspo CZ a.s., Zlín

Gedruckt auf umweltfreundlichem, chlorfrei gebleichtem Papier

Printed in the Czech Republic

ISBN 978-3-451-32104-7